Beate Döring
Anke Kaufmann
Ursula Lassert
Ingrid Steber
Anna E. Weichert

100 Diktate

3. Schuljahr

Klett Lernen und Wissen
Stuttgart

Liebe Eltern,

mit den vorliegenden 100 Diktaten kann Ihr Kind auf unterhaltsame Weise seine Rechtschreibfertigkeiten überprüfen und trainieren. Die Diktate üben alles, was für Schüler und Schülerinnen des 3. Schuljahres im Bereich Rechtschreibung wichtig ist. Sie sind außerdem zu interessanten Themen abgefasst oder erzählen witzige Geschichten. Denn bei Diktaten ist es wichtig, dass auch der Inhalt Kindern Spaß macht oder für sie Wissenswertes vermittelt.

Aufbau

Jedes Diktat übt eine spezielle Rechtschreibschwierigkeit. Das Inhaltsverzeichnis zeigt Ihnen, welche Lerninhalte in den einzelnen Diktaten „versteckt“ sind. Die hauptsächlich zu übenden Wörter sind farbig hervorgehoben. So können Sie mit Ihrem Kind gezielt individuelle Rechtschreibschwächen abbauen.

- Kleine Merkkästchen wiederholen kurz das Wichtigste und geben Tipps zur Fehlervermeidung.
- (,) bedeutet, dass dieses Komma gesetzt werden kann, aber nach den neuen Regeln nicht unbedingt gesetzt werden muss.
- Manchmal sind in den Texten mehrere gleich oder ähnlich klingende Laute untergebracht (z.-B. ä-e, d-t, fiel-viel). Ziel ist, Kinder auf schwierige Rechtschreibfälle aufmerksam zu machen und sie anzuleiten, Wörter genau zu betrachten. Sollte Ihr Kind hier Schwierigkeiten haben, üben Sie diese Laute mit ihm nochmals extra, aber deutlich getrennt voneinander, damit keine Verwirrung entsteht.

Umgangsmöglichkeiten mit den Texten

Abgesehen vom üblichen Diktieren des Textes gibt es mehrere Umgangsmöglichkeiten, die gerade auch für schwächere Schüler geeignet sind:

- Abschreiben des Textes;
- es werden nur die farbig hervorgehobenen Begriffe diktiert;
- Sie diktieren nur einzelne Teile des Diktates.

Denken Sie daran, dass häufiges, aber kurzes Üben mehr Erfolg bringt als seltenes, aber langes Üben. Je weniger Fehler Ihr Kind macht, desto größer ist das Erfolgserlebnis.

Diktieren

Lesen Sie den ganzen Text zunächst langsam vor. Danach diktieren Sie jeweils einen ganzen Satz, der dann nochmals abschnittsweise wiederholt wird. Satzzeichen sollten mitdiktiert werden, es sei denn, sie sollen besonders geübt werden. Lesen Sie zum Schluss noch einmal den ganzen Text vor, damit Ihr Kind die Möglichkeit einer abschließenden Kontrolle hat.

Selbstdiktat

Schüler und Schülerinnen können das Diktat auch auf einen Kassettenrekorder aufnehmen und sich den Text selbst diktieren. Dies ist durchaus keine Notlösung: Beim konzentrierten, lauten Lesen und Diktieren prägt sich die richtige Schreibweise bereits ein. Nach dem Schreiben sollte dann gleich kontrolliert werden, ob Fehler gemacht wurden.

1 Der runde Geburtstag

Am Sonntag feiert Oma ihren sechzigsten Geburtstag. Alle helfen kräftig mit, damit es ein schönes Fest wird.

Opa trägt Tische und Stühle in den Garten. Mama deckt den Tisch mit dem guten Geschirr. Tante Bea legt neben jeden Teller eine weiße Rose. Papa holt die Musikanlage und sorgt für flotte Musik. Und ich? Ich blase Luftballons auf. Die werden dann an Bäume und Sträucher gehängt.

Jetzt aber schnell, Oma kommt schon aus dem Haus. Nun kann das Fest losgehen!

(Wörteranzahl: 79)

Großgeschrieben werden

- Satzanfänge: **Am** Sonntag feiert Oma ...
- Namenwörter: Menschen (**Oma**, **Tante**), Tiere (**Katze**), Pflanzen (**Rose**), Dinge (**Tisch**) und gedachte Dinge (**Glück**, **Ärger**).
- Eigennamen (**Bea**, **Frau Kaiser**)

2 Glück im Unglück

In fünf Minuten beginnt der Unterricht! Felix muss sich beeilen, sonst gibt es Ärger mit Frau Kaiser. Schnell saust er über die Straße, da passiert das Unglück: Reifen quietschen, Felix schreit auf und stürzt. Das Auto hält an(,) und ein Mann steigt aus. Er hat Mitleid mit Felix: „Zum Glück ist dir nichts passiert!“

Felix hat einen riesigen Schreck bekommen und geht mit hängendem Kopf weiter. Er weiß genau, wer an der ganzen Sache schuld ist.

(Wörteranzahl: 76)

An den Nachsilben *-ung, -nis, -heit, -keit* und *-schaft* erkennst du Namenwörter: **Meinung**, **Zeugnis**, **Wahrheit**. Sie werden immer großgeschrieben.

3 Zeugnis für Herrn König

Vor den Sommerferien erhält Herr König von seinen Schülern eine Beurteilung:

Frechheiten konnte Herr König gar nicht leiden, das hat er uns gleich in aller Freundschaft gesagt. Wenn es zu Streit kam, hat er sich geduldig unsere Meinung angehört. Für ihn war Gerechtigkeit ganz wichtig(,) und er hat fast immer die Wahrheit herausgefunden. Herr Königs Unterricht war ein echtes Erlebnis: Mit viel Spannung erzählte er Geschichten und lobte unsere Ergebnisse.

Wir geben Herrn König als Lehrer die Note eins!

(Wörteranzahl: 79)

Die Anredefürwörter *du, ihr, dein, euer* und die verschiedenen Formen wie *dich, euch* können in Briefen an vertraute Personen klein- oder groß geschrieben werden: Hast **du/Du** diese Woche Lust ... ? Ich möchte **dich/Dich** einladen.

4 Ein Liebesbrief?

Hallo Lara!

Du bist sicher überrascht, dass du/Du heute einen Brief von mir bekommst. Ich muss dir/Dir dringend schreiben. Ich möchte dich/Dich nämlich einladen. Hast du/Du diese Woche Lust(,) mit ins Freibad zu gehen? Frag doch deine/Deine Eltern, ob es klappt. Wir können ja dort zusammen ein Eis essen.

Vielleicht hast du/Du schon gemerkt, dass ich beim Unterricht oft zu dir/Dir rüberschauen muss. Ich mag dich/Dich nämlich richtig gern.

Schreib mir doch zurück.

Dein Alex

(Wörteranzahl: 75)

5 Lieber Janosch!

Hier schreiben Ihnen zwanzig eifrige Leseratten! Wir sind Kinder aus der dritten Klasse und lesen im Unterricht gerade Ihre Bücher. Bär, Tiger und Tigerente finden wir einfach spitze! Wir haben eine Menge Fragen an Sie und haben hier die wichtigsten aufgeschrieben: Woher bekommen Sie die Ideen für Ihre Geschichten? Erfinden Sie alles selbst? Haben Sie eine Lieblingsgeschichte?

Es wäre toll, wenn Sie uns bald zurückschreiben!

Alles Gute und viele neue Ideen wünscht Ihnen die 3a

(Wörteranzahl: 76)

Die höfliche Anrede *Sie* und die passenden Anredefürwörter *Ihr, Ihnen* ... werden in Briefen großgeschrieben: Erfinden **Sie** alles selbst? Alles Gute wünscht **Ihnen** ...

Zeitwörter werden in der Regel kleingeschrieben: **berichten**, **brüllen**. Sie sagen uns, was Menschen, Tiere, Pflanzen und Dinge tun.

6 Der König der Tiere

Der Tierforscher Herr Wild berichtet: „Der Titel „König der Tiere“ gehört dem Löwen. Aber warum nennen die Menschen ihn so?

Dem Löwenmännchen wächst im Alter von drei Jahren eine prächtige Mähne. Damit sieht sein Kopf doppelt so groß aus! Auf mächtigen Pfoten schreitet er durch sein Gebiet und wirkt sehr königlich und stolz. Das stärkste Löwenmännchen führt immer das Rudel an.

Auch die Stimme des Löwen klingt gewaltig. Wenn er brüllt, hören Menschen und Tiere seine Laute mehrere Kilometer weit!"

(Wörteranzahl: 80)

7 Das Sportfest

Am Samstag findet das große Sportfest der Grundschule Talheim statt. Aufgeregt steht Nele bereit, jetzt ist sie an der Reihe. Das Turnen am Stufenbarren findet sie besonders schwierig, aber es klappt gut. Nun kommt das Klettern an der Sprossenwand und das Schwingen an den Tauen.
Beides meistert Nele ohne Schwierigkeiten. Zum Schluss erwartet sie noch das Werfen. Geschafft!
Nach einer kurzen Pause folgt das Ausrufen der Sieger.
Nele jubelt laut: Sie hat sich eine Siegerurkunde erkämpft!

(Wörteranzahl: 76)

Zeitwörter werden großgeschrieben, wenn
- der bestimmte Artikel *das* davor steht: **das Turnen**, **das Werfen**
- das Verhältniswort *beim* davor steht: **beim Verrühren**, **beim Formen**

8 Süße Mäuse

Nimm ein Päckchen rohes Marzipan(,) und gib fünf Esslöffel Puderzucker dazu. Beim Verrühren in einer Schüssel entsteht daraus eine glatte Masse. Brich kleine Stücke von der Masse ab(,) und knete Mäuschen daraus. Achte beim Formen darauf, dass das eine Ende spitz und das andere Ende rund wird. In den Mäusekopf drückst du zwei Rosinen als Augen und zwei Mandeln als Ohren. Für das Schwänzchen nimmst du eine dünne Nudel.

Viel Spaß beim Ausprobieren und beim Naschen!

(Wörteranzahl: 76)

9 An Herrn Schreckenstein

Eine Woche Urlaub habe ich nun auf Schloss Schreckenstein verbracht. Leider gab es überhaupt nichts zum Gruseln oder zum Fürchten! Die Zimmer waren frisch geputzt(,) und es gab keine Spur von Spinnen oder Mäusen. Zum Verzweifeln! Das Hausgespenst war ausgeflogen und für drei Wochen im Urlaub. Zum Essen und Trinken bekam ich Gemüsesuppe und Früchtetee. Ich brauchte zum Abreisen nur wenige Minuten und werde meine Ferien nie wieder auf Schloss Schreckenstein verbringen.

Mit wenig freundlichen Grüßen

Gerald Gruselgern

(Wörteranzahl: 78)

Zeitwörter werden großgeschrieben, wenn das Verhältniswort *zum* davor steht: **zum Verzweifeln**, **zum Essen**.

10 Wer ist das?

Er reitet auf seinem schwarzen Pferd durch die weite Prärie. Sein langes Haar weht im Wind(,) und er trägt eine kostbare Kette aus Bärenkrallen um den Hals. Hemd und Hose sind aus feinem Leder und mit verschiedenen Farben und Mustern bemalt. An der Seite befindet sich sein scharfes Messer mit dem roten Adlergriff.

Am Abend sitzt er mit seinen Freunden am Lagerfeuer und erzählt alte Geschichten aus längst vergangenen Tagen.

Wer ist das?

(Wörteranzahl: 73)

Lösung: Winnetou

Eigenschaftswörter beschreiben Menschen, Tiere, Pflanzen und Dinge näher. Sie werden in der Regel kleingeschrieben: **schwarz**, **fein**, **alt**.

1 Das erste Mal am Meer

In den Sommerferien war ich das erste Mal am Meer. Ich staunte, wie groß es ist. Es ist viel größer als der See bei uns zu Hause! Wir mieteten ein Boot, um zu angeln.

Hinter der Brandung war das Meer ganz ruhig. Das Wasser war so klar, dass man alle Fische sehen konnte, wie im Zoo. Ich wollte Aale angeln. Aber hier gab es nur bunte Fische, die ich nicht kannte. Schließlich fischte ich ein paar Seesterne aus dem Wasser.

(Wörteranzahl: 80)

Bei einigen Wörtern werden die lang gesprochenen Selbstlaute einfach verdoppelt, wie z. B. bei **Meer**, **Boot** oder **Aal**.

2 Überraschung im Wald

Neulich hatte ich beim Wandern ein überraschendes Erlebnis. Am Waldrand sprang plötzlich ein Reh ganz nah vor mir über den Weg. Vor Schreck stolperte ich über meinen großen Zeh und fiel hin. Da sah ich ein kleines Rehkitz, das rasch hinter der Mutter herlief. Es hatte sich anscheinend weh getan, denn es hinkte etwas. Schnell waren beide wieder verschwunden.

Ich setzte mich ins Gras und aß mein Brot. Dicht neben mir graste friedlich eine Kuh auf der Weide.

(Wörteranzahl: 78)

Häufig folgt einem lang gesprochenen Vokal ein *h*. Manchmal kann man es hören, wenn du das Wort verlängerst: **Reh – Rehe**, **nah – näher**, **sah – sehen**.

3 Eine spannende Klassensprecherwahl

Die Wahl unserer Klassensprecher zu Beginn des letzten Schuljahres war sehr lustig. Zuerst benahmen wir uns wie kleine Kinder und riefen alle wild durcheinander. Unsere Lehrerin ermahnte uns und schrieb einige Namen an die Tafel.

Danach wählten wir. Jeder schrieb einen Namen auf einen Zettel. Schließlich zählten wir die Stimmen aus.

Nun mussten wir alle lachen, denn zwei Kinder hatten die gleiche Anzahl an Stimmen. In einer Stichwahl haben wir uns für eines von beiden entschieden.

(Wörteranzahl: 76)

Das Dehnungs-h steht oft vor den Mitlauten *l, m, n* oder *r*: **Wahl**, **benahmen**, **Bahn**, **fuhr**.

4 Meine erste Bahnfahrt

Neulich fuhr ich zum ersten Mal allein mit der Bahn. Ich wollte meine Großeltern besuchen. Am Bahnhof kaufte ich mir eine Fahrkarte und suchte dann im Zug einen Fensterplatz. Ich schaute zum Fenster heraus und entdeckte viele Pferde auf den Weiden.

Erst an der zehnten Station musste ich aussteigen. Ein Fahrgast machte mir die Tür auf. Zum Glück holten mich meine Großeltern am Bahnsteig ab. Auf der Rückfahrt war ich nicht mehr so aufgeregt und fühlte mich wohler.

(Wörteranzahl: 78)

5 Ein schmerzhafter Bienenstich

„Wie schrecklich!“, schrie Marie und zeigte auf eine Fliege. Sie hatte große Angst vor Fliegen und Spinnen. Wenn sie diese kleinen Tiere sah, schrie sie jedes Mal und rannte davon.

Aber auch Bienen konnte sie nicht leiden. Einmal hatte sie eine Biene gestochen, als sie auf einer Wiese spielte. Zuerst tat es sehr weh. Nachdem ihre Mutter eine halbe Zwiebel über den Einstich gerieben hatte, ließ der Schmerz zum Glück schnell nach. Seitdem fürchtet Marie sich vor Bienen.

(Wörteranzahl: 78)

Das lang gesprochene *i* wird oft *ie* geschrieben:
Fliege, **spielte**, **wie**, **viele**, **sie**, **Tiere**.

6 Besuch im Tierpark

Neulich waren wir im Tierpark. Wir trafen uns schon um sieben Uhr an der Schule, waren aber erst um neun Uhr am Ziel.

Viele Tiere schliefen einfach in der Sonne, wie die Löwen. Andere spielten miteinander, wie die Affen. Die Ziegen fanden wir besonders niedlich, weil sie gerade Junge bekommen hatten. Sie liefen immer hinter der Mutter her und wollten trinken.

Um vier Uhr fuhren wir schließlich wieder nach Hause.

(Wörteranzahl: 70)

7 Schlüssel vergessen!

Eines Morgens fiel Karl auf, dass seine Mutter ihren Schlüssel vergessen hatte. Schon rief sie an und bat ihn, ihren Schlüssel im Büro vorbeizubringen. Karl versprach es ihr.

Kaum hatte er den Telefonhörer aufgelegt, da fiel ihm jedoch ein, dass er heute schulfrei hatte. Er ärgerte sich über seine Mutter und ihren vergessenen Schlüssel. Aber er brachte ihn ihr trotzdem vorbei.

Zur Belohnung gab seine Mutter ihm etwas Geld für ein Eis.

(Wörteranzahl: 72)

Nur wenige Wörter werden mit *ih* geschrieben. Am besten merkst du dir diese Fürwörter gut: **ihn**, **ihm**, **ihr**, **ihnen**, **ihren**, **ihre**, **ihrem**, **ihrer**.

8 Was ist eine Dampfmaschine?

Im Museum haben wir eine Dampfmaschine gesehen. Sie braucht kein Benzin wie die Autos, sondern Dampf. Dieser wird in einem großen Kessel durch das Erhitzen von vielen Litern Wasser erzeugt. Durch ein Ventil wird der Dampf dann in einen Kolben gepresst. Über einen großen Riemen treibt dieser ein Rad an, das sich schnell dreht.

Die Maschine faucht wie ein Tiger. Unser Lehrer erklärte uns dann, dass früher die Lokomotiven von einer Dampfmaschine angetrieben wurden.

(Wörteranzahl: 74)

Das lange *i* wird meistens *ie* geschrieben. Ausnahmen bilden einige Lehnwörter. Hier wird das lange *i* nicht gekennzeichnet: **Tiger**, **Maschine**, **Benzin** oder **Liter**.

1 Das Vogelnest

Die zwanzig Kinder der 3a machen mit ihrer Lehrerin Frau Zwerglein eine Wanderung durch den Wald. Es ist Frühling. Vögel sitzen zwitschernd auf den Zweigen. Es duftet nach Tannen und Blumen. Auf einer Wiese machen sie Pause.

Die Zwillinge Jan und Lena streuen Zwiebackkrümel auf die Erde. Kleine Meisen picken sie auf und tragen sie fort. Aber wohin nur?

Mara entdeckt das Vogelnest. Es ist ein Nistkasten oben am Baum. Die Kinder beobachten, wie die Meisen ein- und ausfliegen.

(Wörteranzahl: 79)

Viele Wörter fangen mit zwei Mitlauten an, z.-B. *zw* und *fl*: **zwanzig**, **Zwillinge** ... **Flügel**, **flattert** ... Hier hilft dir deutliches Sprechen.

2 Die kleine Fledermaus geht auf die Jagd

Die kleine Fledermaus hat Hunger. Endlich wird es dunkel(,) und die Zeit für die Jagd ist gekommen. Flink lässt sie sich von ihrem Schlafplatz fallen, breitet ihre zarten Flügel aus und flattert los. Sie muss sich richtig anstrengen, denn leider kann sie nicht wie ein Vogel gleiten. Fledermäuse müssen ständig flattern.

Im Zickzackflug flitzt sie fleißig hinter Mücken und Fliegen her. Als die Nacht zu Ende geht, hängt sie sich satt und müde an ihren Schlafplatz.

Guten Tag, kleine Fledermaus!

(Wörteranzahl: 80)

3 Eine gelungene Überraschung

Stolz tragen Tim und Maxi ihren Korb mit Steinpilzen. Sie haben alle gesammelt, die sie gefunden haben. Jetzt wollen sie die Eltern mit einer Pilzmahlzeit zum Abendessen überraschen.

Sie schmelzen Butter in der Pfanne und geben etwas Schmalz dazu. Dann legen sie einen Teil der gesäuberten und klein geschnittenen Pilze in das heiße Fett. Zum Schluss streuen sie noch etwas Salz und einige andere Gewürze darüber.

Die Eltern freuen sich. „Wenn nur kein Fliegenpilz dabei ist“, scherzt der Vater.

(Wörteranzahl: 79)

Hinter *l, n, r* steht immer nur *z*, niemals *tz*: **Schmalz**, **glänzen**, **Gewürze** ...

4 Bei den Heinzelmännchen vom Froschteich

Hurra, hurra! Seit Wochen sucht Prinz Peter eine Prinzessin. Nun hat er sie endlich gefunden. Er wird mit ihr oben auf der winzigen Blüte einer winzigen Pflanze in einem winzigen Schloss leben. Vor Freude glänzen seine Augen wie Perlen.

Drei Tage und drei Nächte tanzt der Prinz mit der Prinzessin in seinem neuen Schloss. Und sein ganzes Volk tanzt mit ihnen. Ja, sie können feiern, die Heinzelmännchen vom Froschteich. Sie sind ein ganz wildes und ausgelassenes Völkchen!

(Wörteranzahl: 77)

5 Barbara freut sich

Es ist ein warmer Sommertag. Die Sonne lacht.

Auf dem kleinen Spielplatz im Park tummeln sich die Kinder. Barbara rutscht die Rutschbahn hinunter. Dabei quietscht sie vor Vergnügen. Barbara ist die kleine Schwester von Paul. Sie ist zum ersten Mal auf einer Rutschbahn. Paul passt gut auf seine Schwester auf. Das ist besonders wichtig, wenn sie im Plantschbecken plantscht*.

Da kommt Mark angelaufen. Er schenkt dem kleinen Mädchen einen Lutscher. Barbara klatscht vor Freude in die Hände.

(Wörteranzahl: 77)

*Die Schreibweise *planschen*, *Planschbecken* ist ebenfalls möglich.

Bei Wörtern mit mehreren Mitlauten hintereinander hilft dir deutliches Sprechen: **Lutscher**, **klatscht** ..., **Fred**, **fressen** ...

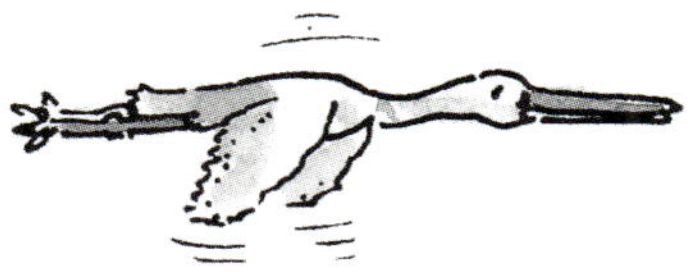

6 Wer frisst wen?

Fred, der Frosch, sitzt faul auf einem Seerosenblatt. Die Sonne scheint warm auf seinen Rücken. Ach, tut das gut! Gerade hatte er eine dicke Fliege gefressen. So ein Glück hat man nicht immer. Fred, der Frosch, lächelt froh.

Ein Schatten fällt auf das Blatt. Nanu, was ist das? Freund oder Feind? Fred schielt nach oben. Hilfe, ein Storch! Ob der ihn etwa fressen will? Schnell springt Fred ins Wasser, keine Sekunde zu früh.

Da hat er aber Glück gehabt!

(Wörteranzahl: 79)

7 Blitz, die Katze

Unsere Katze Blitz ist schneller als alle anderen. Wenn sie eine Maus jagt, flitzt sie wie der Blitz(,) und plötzlich springt sie mit einem großen Satz auf sie.

Aber wenn sie müde ist, macht sie es sich gern gemütlich. Dann sucht sie sich ein nettes Plätzchen, rollt sich zusammen und schläft. Ihre liebsten Plätze sind die Fensterbank in der Küche und das oberste Bücherregal. Auch meine blaue Mütze findet sie spitze. Darauf sitzt sie stundenlang und putzt sich.

(Wörteranzahl: 78)

Nach kurzen Selbstlauten und Umlauten steht immer *tz*, niemals nur *z*: **Katze**, **Mütze**, **plötzlich** ...

Der doppelte Mitlaut *ll* steht nur nach kurzen Selbstlauten: **Knall**, **schnell** ...

8 Wirklich kein Glückstag

Das Zerspringen einer Fensterscheibe stört die friedliche Stille des Juniabends. Scherben fallen herab. Oh nein! Auch das noch. Tills Ball ist nicht auf der Wiese, sondern im Keller gelandet. Er hat aber auch ein Pech heute, der arme Till!

Heute Morgen ist er in eine Pfütze gefallen. Dabei ist seine Brille zerbrochen. Als er sich mittags ein Wasserglas füllen wollte, fiel es hin und zersprang mit einem lauten Knall.

Am besten geht er jetzt ganz schnell ins Bett.

(Wörteranzahl: 78)

9 So eine Hitze!

Es ist einfach zu heiß heute! Lutz und Emma liegen faul auf der Wiese. „Jetzt müsste man im Schwimmbad schwimmen“, denkt Emma und drückt Wasser aus einem Schwamm auf ihre Beine.

Lümmel, ihr Hund, kommt langsam näher und drückt sich an sie. Stumm schiebt Emma ihn weg. Das ist doch einfach zu heiß. So ein warmes Hundefell kann man nicht immer ertragen. Lümmel wimmert kläglich.

Ob der dicke Brummer, der eben auf seiner Nase saß, ihn gestochen hat?

(Wörteranzahl: 78)

> Der doppelte Mitlaut *mm* steht nur nach kurzen Selbstlauten: **immer**, **kommt**, **Lümmel** ...

10 Der Dackel und die Zuckerschnecke

> *ck* steht immer nur nach kurzen Selbstlauten: **lecker**, **Dreck**, **Gebäck** ...

Glücklich hüpft Moritz aus dem Bäckerladen. Er hat sich eine Zuckerschnecke gekauft. Wie lecker! Doch hoppla, da stolpert er. Und schwupp, liegt die Zuckerschnecke im Dreck.

Der Dackel Zottel, der mit seinem Herrchen vorbeiwackelt, lässt sich diese Gelegenheit nicht entgehen. Schnapp – schon hat er das leckere Gebäck verschluckt. Moritz ist entsetzt. Tränen steigen in seine Augen.

Mitleidig drückt ihm der alte Herr ein Geldstück in die Hand für eine neue Zuckerschnecke. Da strahlt Moritz wieder!

(Wörteranzahl: 75)

11 Die Autopanne

Herr Renner kann sich nicht erinnern, dass es jemals so heiß war. Die Sonne brennt, nirgendwo ist Schatten. Und ausgerechnet jetzt hat er eine Autopanne.

Auch seine Kinder Anne und Jan hatten sich diesen Sonntag anders vorgestellt. Sie wollten zu Oma fahren und dort im Garten bei den schattigen Tannen spielen. Außerdem wollten sie die neue Henne Berta kennen lernen. Traurig hocken sie am heißen Straßenrand.

Gerade als Herr Renner fertig ist, donnert es in der Ferne.

(Wörteranzahl: 77)

Nach kurzen Selbstlauten stehen häufig doppelte Mitlaute, wie z. B. *nn* oder *pp*:
Anne, **Henne**, **Puppe**, **Lappen** ...

12 Mahlzeit!

Toni und Leonie spielen mit ihren Puppen. Der Schuppen im Garten ist ihr Puppenhaus.

Mit einem großen Lappen macht Toni alles sauber. Leonie wirft eine Schippe voll Sand in den Kochtopf. Aus Sand, Gräsern und Wasser kocht sie eine kräftige Suppe für ihre Puppenkinder. Toni legt noch ein paar Kartoffelstücke hinzu, kocht aus Schlammwasser einen Kaffee und bäckt aus Matsch einige Waffeln.

Beide mögen jedoch lieber die Kuchenstücke und die Limonade, die ihnen die Mutter bringt. Guten Appetit!

(Wörteranzahl: 78)

13 Hurra, es gibt Pflaumenmus!

Heiß steigt der Dampf aus dem Kochtopf. Die Küche duftet nach Pflaumenmus. Die Mutter rührt und rührt, damit nichts anbrennt.

Jule rümpft die Nase. Zu dieser Arbeit hätte sie keine Lust. Das Pflaumenmusessen findet Jule prima, Pflaumenmuskochen aber nicht. Gerade hat sie sich den Finger an einem heißen Tropfen verbrannt. Ganz kurz hat sie mit den Tränen gekämpft. Aber sie ist tapfer und weint nicht.

Nun macht sie schnell ihre Matheaufgaben(,) und dann bekommt sie ein Pflaumenmusbrot.

(Wörteranzahl: 77)

Bei einigen Wörtern finden wir eine Anhäufung von Mitlauten: **Pflaumen**, **tapfer**, **Ankunft**, **Luft** ...
Hier hilft dir deutliches Sprechen.

14 Erholsame Ferien

Seit ihrer Ankunft in der Ferienwohnung sitzt die Familie Stifter auf der Wiese. Alle genießen die herrliche Landluft und den Duft nach Heu und Blumen.

Herr Stifter ist Schriftsteller. Er schreibt mit einem Bleistift Gedichte in sein Heft. Stefan und Elena sind mit Malen beschäftigt. Sie malen mit ihren neuen Buntstiften Bilder von den Blumen und Schmetterlingen um sie herum.

Frau Stifter liegt im Liegestuhl und schläft. Sie wacht erst auf, als Stefan sie zum Abendessen ruft.

(Wörteranzahl: 77)

15 Ein unheimliches, altes Haus

Auf einer Wanderung stoßen Martin und Paula auf ein altes, quietschendes Tor. Es versperrt die Auffahrt zu einem verfallenen Haus.

In dem verwilderten Park sehen sie verdorrte Sträucher und Blumen. Die dürren Äste einer Eiche starren sie drohend an. Wohin haben sich die beiden da nur verirrt? Unheimlich, ja fast mürrisch, blickt das alte Haus die Kinder an. Sollen sie über den Zaun klettern und einfach in das Haus hineingehen?

Da hören sie einen Hund knurren. Schnell laufen sie weg.

(Wörteranzahl: 80)

Nach einem kurzen Selbstlaut stehen häufig doppelte Mitlaute, wie z. B. *rr* oder *tt*: **knurren**, **verirrt**, **Kette**, **zittert** ...

16 Beobachtungen auf dem Bauernhof

Lotte und ihr Vetter Otto machen Ferien auf dem Bauernhof von Tante Rita.

Sie fahren zu der Weide des Bullen Richard. Träge steht er im Schatten eines dicken Baumes. Mit einer Kette ist er dort angebunden. Ob er so gefährlich ist, wie er aussieht?

Die Kinder laufen zur Pferdeweide. Die Stute Mara hat ein Fohlen. Als ein Gewitter aufzieht, zittert das Fohlen vor Angst. Schnell läuft es zu seiner Mutter und versteckt sich unter ihrem Bauch. Das sieht komisch aus!

(Wörteranzahl: 80)

17 Oh, eine Kreuzspinne!

Es ist Spätsommer. Martin und seine Schwester Tina spielen mit ihrem Ball. Immer wieder werfen sie ihn gegen das große Scheunentor. Wenn er zurückkommt, springen sie über ihn.

Beim letzten Sprung entdeckt Martin eine dicke Kreuzspinne. Die Kinder schauen zu, wie sie ihr Netz spinnt. Sie hat schon drei Fäden gespannt, die wie ein Y aussehen. Es dauert noch einige Zeit, bis das Spinnennetz fertig ist und sich die Spinne in der Mitte ausruht.

(Wörteranzahl: 74)

Viele Wörter haben zwei und mehr Mitlaute hintereinander: **springen**, **Schwester**, **letzten**, **Klasse** ...
Deutliches Sprechen ist hierbei besonders wichtig.

18 Endlich Pause

Endlich klingelt es. Die Kinder der Klasse 3c stürzen auf den Schulhof.

Jan und Suse klettern auf dem Klettergestell. Hannes und Anne bauen geheimnisvoll etwas aus Holzklötzen. Karl erklärt seinem Freund die Matheaufgaben. Lea und Nina basteln ein Puppenkleid aus Papier(,) und Tobias baut eine Schlange aus Wäscheklammern. Maxi und Micha hocken auf der Wiese und suchen im Klee nach Stängeln mit vier Blättern.

So eine Pause ist doch immer wieder schön, besonders wenn die Sonne warm scheint wie heute.

(Wörteranzahl: 80)

1 Niklas will hoch hinaus

Endlich gibt es in der Schule „Am Wald“ eine Kletterwand. In der Pause kommen alle Kinder angerannt.

Niklas ist als Erster da. Schnell steigt er hinauf. Ganz sicher greift er abwechselnd m it der rechten oder linken Hand nach den Griffen. Bald wird er oben sein.

Doch plötzlich verlässt ihn der Mut. Er schaut nach unten und ruft verzweifelt: „Ich habe keine Kraft mehr!“ Sein linker Fuß findet keinen Halt. Er springt hinab. Sein Freund tröstet ihn: „Morgen klappt es bestimmt.“

(Wörteranzahl: 80)

Wenn du nicht weißt, ob ein Wort am Wort- oder Silbenende mit *d* oder *t* geschrieben wird, suche ein passendes, längeres Wort:
Wald – Wälder, **Mut – mutig.**
Merke dir: Zeitwörter in der 3. Person Einzahl enden immer mit *-t*: er **steigt**, es **gibt**.

Wenn du nicht weißt, ob ein Wort am Wort- oder Silbenende mit *b* oder *p* geschrieben wird, musst du es verlängern:
Korb – Körbe, **Lump – Lumpen**, **halb – halbieren**.

2 Ich gehe als Lump!

„Wie verkleide ich mich zu Karneval?“, überlegt Bastian. Auf dem Speicher steht ein Korb mit altem Kram. Deshalb rast er im Galopp die Treppe hoch. Überall liegt dicker Staub. Der Korb ist zwar halb leer, doch er findet eine Jacke. Sie ist gelb. „Ich gehe als Lump oder als Dieb!“ Ein Sieb und einen Stab kann er auch gebrauchen.

Da ruft sein Bruder: „Bist du taub? Dein Typ wird am Telefon verlangt!“. Vor Schreck stolpert Bastian über den Stab.

(Wörteranzahl: 79)

3 Ein Gartenzwerg im Müll

Torsten und Tina staunen, als sie am Donnerstag zur Schule gehen. So viel Sperrmüll lag noch nie auf ihrem Schulweg! Gleich neben ihrem Haus liegt auf dem Bürgersteig ein Berg alter Sachen: ein Regal, ein Schrank, eine Bank, eine Truhe.

Neugierig durchwühlen sie den Kram. Torsten zieht kräftig an einem Brett, da purzelt ihnen ein bunter Gartenzwerg entgegen. Sieht der stark aus! Sie nehmen ihn mit zur Schule. Er soll im Schulgarten stehen und alle Kinder freundlich begrüßen.

(Wörteranzahl: 78)

Ob man am Wortende *g* oder *k* schreibt, kannst du hören, wenn du das Wort verlängerst: **lag – liegen**, **Bank – Bänke**.

Nur wenige Wörter werden mit *dt* geschrieben. Merke dir: **Stadt**, **Verwandte**, **gesandt**.

4 Ausgerechnet der Taufpate!

Ginas kleiner Bruder Alexander soll getauft werden. Alle Verwandten sind eingeladen. Da Ginas Familie in einer Großstadt mit vielen Kirchen wohnt, schickt Ginas Vater der ganzen Verwandtschaft einen Stadtplan.

Endlich ist das große Fest da. Alle haben sich vor der Kirche versammelt. Aber wo bleibt der Taufpate? Ginas Eltern werden schon ganz unruhig. In letzter Minute kommt er an. Warum hat er sich bloß so verspätet? Oje – der Brief mit dem Stadtplan war an seine alte Adresse gesandt worden.

(Wörteranzahl: 79)

5 Der standhafte Hendrik

So ein Wind! Darauf hatten Andreas und Daniel schon gewartet. „Wir lassen unsere Drachen steigen!“, riefen sie Hendrik zu. „Komm endlich mal mit!“ Hendrik schüttelte den Kopf. „Ich darf nicht. Ich bin noch nicht gesund.“ „Das merkt doch niemand! Bis deine Mutter nach Hause kommt, bist du wieder da!“

Aber Hendrik blieb standhaft. Neidisch schaute er seinen Freunden nach, wie sie mit ihren Rädern an den Feldern vorbei zur Wiese am Waldrand fuhren. Bald sah er ihre Drachen am Himmel.

(Wörteranzahl: 80)

Wenn du bei *b*- oder *d*-Wörtern unsicher bist, musst du beim Schreiben das Wort deutlich mitsprechen oder mitflüstern. Manchmal hilft es dir, wenn du ein ähnliches Wort suchst:
Wind – windig, **endlich – Ende**, **bat – bitten**, **brach – brechen**.

6 Auch auf den Zahnbürsten?

„Bald ist es so weit! Wir fahren in die Jugendherberge“, sagte Frau Sommer. Begeistert klatschten die Kinder Beifall. „Es ist wichtig, dass auf euren Sachen gut lesbar eure Namen stehen. Auf den Stiefeln, auf den Handtüchern, auf den Zahnbechern und …“ „Auch auf den Zahnbürsten?“, unterbrach Katrin. „Klar, am besten auf den Borsten!“, rief Max. Die Klasse brach in schallendes Gelächter aus.

Als sich die Kinder wieder beruhigt hatten, bat die Lehrerin sie(,) mit wasserfesten Stiften zu schreiben.

(Wörteranzahl: 77)

7 Mogeln gilt nicht

„Heute schreiben wir unser letztes Diktat“, sagte Frau Ganter. Jana bekam einen riesigen Schreck. Sie hatte vergessen(,) zu üben. Das wird Ärger geben! Gut, dass sie neben Laura saß, bei ihr konnte sie gewiss abschreiben. Sie musste sich nur geschickt anstellen.

Frau Ganter diktierte ganz deutlich. Aber Jana war so aufgeregt, dass sie bald gar nicht mehr mitkam. Die Lehrerin hatte Janas sorgenvolles Gesicht gesehen und meinte: „Du darfst das Diktat morgen schreiben. Aber vergiss nicht(,) heute zu üben!“

(Wörteranzahl: 79)

> Ob ein Wort mit *g* geschrieben wird, kannst du hören, wenn du sehr deutlich sprichst oder das Wort verlängerst: **vergessen**, **sagte – sagen**.

8 Glitzernde Seifenblasen

Nora hat Langeweile. Ihre Freundin ist nicht da(,) und mit ihrer frechen Schwester will sie nicht spielen. Sie sitzt auf der Schaukel unter dem Baum und schaukelt lustlos hin und her.

Da winkt ihr Vater lächelnd. Er hält etwas hoch. Seifenblasen! Nora pustet glitzernde Wunderkugeln in die Luft. Sie glänzen in leuchtenden Farben und schweben davon. Eine stößt an einen Strauch und platzt. Eine andere möchte sich auf die Schaukel setzen und platzt auch.

Nun hat Nora keine Langeweile mehr.

(Wörteranzahl: 80)

> Manchmal gibt es für einen Laut mehrere Buchstaben, z.B. *au*, *ch*, oder *sch*. Hier hilft deutliches Mitsprechen beim Schreiben.

9 Große Pause

„Das Beste an der Schule ist die Pause", erklärt Jakob. „Das ist doch wohl klar." Er bringt jeden Tag seinen Ball mit, weil ihm die Bälle in der Schule nicht hart genug sind. Man müsste sie härter aufpumpen. Aber das halten die Lehrer und Lehrerinnen für gefährlich.

Wenn die Pause anfängt, rennen viele Kinder zum Fußballfeld. Jakob zählt die Spieler und wenn die Zahl stimmt, geht es los. Jakob ist der beste Torwart. Er hält täglich fast alle Bälle.

(Wörteranzahl: 79)

Die meisten Wörter mit *ä* haben ein verwandtes Wort mit *a*: **erklären – klar**, **Bälle – Ball**, **härter – hart**. Achtung: **Eltern** schreibt man mit *E* trotz der Ableitung von **alt**!

Die Laute *e* und *ä* klingen oft gleich. Wenn du dir die Schreibweise nicht herleiten kannst (siehe das Merkkästchen oben), kannst du dir diese Wörter nur durch Üben einprägen.

10 Im Schulgarten

Auf dem Schulgelände der Bärenschule gibt es einen herrlichen Schulgarten. Von März bis September arbeiten dort täglich viele Mädchen und Jungen. Oft helfen auch Eltern. Mit dem Rasenmäher können die kleinen Gärtner nicht die Wiese mähen. Sie sind nicht kräftig genug(,) und außerdem ist diese Tätigkeit für Kinder zu gefährlich.

Die Kinder können Pflänzchen setzen, Unkraut jäten, Äste sammeln und Äpfel ernten. Manchmal gibt es Ärger. Neulich stellte eine Klasse fest: Jemand hat unsere Erdbeeren geerntet. Das ist ärgerlich!

(Wörteranzahl: 79)

11 Mutter ist sauer

„Nun räum endlich dein Zimmer auf!“, rief Katrins Mutter äußerst gereizt. Sie war außer sich. Aber Katrin hatte keine Lust. „Ich muss unbedingt zu Nele. Ihre Maus hat Junge bekommen. Zwei Mäuschen! Und Anne will mir ihren Schulaufsatz über die „Räuber“ zeigen.“ Geräuschlos zog Katrin die Haustür zu.

Als abends die Glocken laut sechs Uhr läuteten, kam sie zum Abendessen heim. Aber der Tisch war ja gar nicht gedeckt! „Ich habe auch meine Freundinnen besucht“, meinte Mutter. Katrin guckte erstaunt.

(Wörteranzahl: 80)

Wir schreiben in einem Wort nur dann *äu*, wenn es ein verwandtes Wort mit *au* gibt: **aufräumen – Raum**, **Mäuschen – Maus**, **geräuschlos – rauschen**.

Wörter mit *eu* haben nie ein verwandtes Wort mit *au*: **heute**, **Scheune**, **Eule**.

12 Leuchtende Laternen

Heute Abend zieht der Martinszug durch die Straßen. Die Kinder der dritten Klasse freuen sich darauf, denn sie haben wunderschöne Eulen-Laternen gebastelt. Die Leute werden staunen, wie herrlich die Eulen leuchten.

Um 18 Uhr treffen sich alle. Da kommt Franzi. Sie hat feuchte Augen. Ihre Eule hat die Flügel verloren. „Heule bloß nicht!“, ruft ihre Freundin. „Nun sieht deine Laterne wie ein Ungeheuer aus.“ Da lacht Franzi.

Singend ziehen die Kinder zur alten Scheune, wo schon das Martinsfeuer brennt.

(Wörteranzahl: 79)

13 Vergissmeinnicht zum Abschied

„Wer von euch spielt ein Instrument?“, fragt die neue Lehrerin. Flink gehen viele Finger in die Luft. Frau Vogel schreibt an die Tafel: Flöte, Klavier, Harfe, Cello, Geige.

Die Kinder erzählen, dass sie fleißig üben müssen. Manchmal würden sie viel lieber mit Freunden Skateboard* fahren. „Ich habe meine Flötenlehrerin zur Verzweiflung gebracht!“, ruft Felix. „Ich bin ihr häufig auf die Nerven gegangen. Da habe ich ihr zum Abschied Vergissmeinnicht geschenkt. Das fand sie voll gut!“

(Wörteranzahl: 75)

* darf buchstabiert werden

Für den f-Laut gibt es mehrere Schreibweisen, aber keine Regeln. Merke dir am besten die Wörter, die mit *v* geschrieben werden: z. B. **Vogel**, **Verzweiflung**, **Vergissmeinnicht**, **voll**, **von**.

Bei **viel – fiel** musst du überlegen, ob das Wort aus der Wortfamilie *fallen* stammt. Wenn das so ist, schreibst du **fiel**.

14 Stefan, gib ab!

Auf dem Fußballplatz war viel los. Viele Kinder waren gekommen, um das Spiel zwischen der 3a und der 3b zu sehen.

Bereits in der zweiten Minute fiel das erste Tor für die 3b. Aber die 3a gab nicht auf. Pfosten! Der Torwart hatte viel Glück. Jeder wollte das nächste Tor schießen. Mit viel Eifer kämpfte Stefan. Er gab den Ball nicht ab. Samuel ging dazwischen. Stefan stolperte und fiel hin. Seine Knie bluteten. Viele Tränen flossen.

Das Spiel endete unentschieden.

(Wörteranzahl: 80)

15 Im alten Griechenland

Christine war in den Ferien in Griechenland. Sie besuchte mehrere alte Städte und erfuhr, wie die Kinder dort früher gelebt hatten.

Während die Mädchen zu Hause kochen, weben und spinnen lernten, lernten die Jungen in der Schule lesen, rechnen und schreiben. Sie hatten Tafeln aus Wachs, die zu einem Buch zusammengebunden wurden.

Griechische Kinder spielten so ähnlich wie wir. Wegen der Hitze am Tag blieben sie in den kühlen Nächten ziemlich lange wach. Ob sie morgens wohl geweckt werden mussten?

(Wörteranzahl: 80)

Die Buchstabenverbindung *ch* wird unterschiedlich ausgesprochen. Vergleiche: **kochen**, **rechnen**, **Christine**.

Bei den Wörtern mit *chs* hörst du den ks-Laut: z. B. **Wachs**, **sechs**, **Fuchs**. Es gibt keine Regel für diese Schreibweise. Lerne diese Wörter am besten auswendig.

16 Christian und der Fuchs

Eine Wanderung durch den Wald macht viel Spaß, wenn man einen Schatz dabei suchen kann. Darum waren die sechs Jungen mit ihrer Lehrerin schon vorausgegangen(,) um den Schatz zu verstecken. Sie fanden eine Stelle, an der das Farnkraut hoch gewachsen war. Hier suchten sie einen Platz für die Schatzkiste. Dann versteckten sie sich.

Plötzlich raschelte es. Christian erschrak und sprang hoch. „Ein Fuchs! Oder ein Dachs!“ „Nein, ein Ochse!“, rief Sebastian. Alle lachten. Es war der Hund des Försters.

(Wörteranzahl: 80)

17 Der bunte Abend

Der letzte Abend im Schullandheim war ein bunter Abend.

Max verkleidete sich als Boxer. Er forderte den kleinen Micha als Gegner auf, aber Micha hatte Angst. „Das ist doch ein Jux!“ Micha war einverstanden. Max holte aus. Aber bevor er seinen Gegner erwischte, fiel der schon um.

Xenia verkleidete sich als Hexe. Sie hatte sich extra einen langen Rock mitgebracht. Als sie den Zauberspruch sagen wollte, hatte sie den Text vergessen.

Schade, dass lustige Abende so fix vorbei sind!

(Wörteranzahl: 79)

> Für den ks-Laut wird manchmal der Buchstabe *x* geschrieben: z. B. **Boxer**, **Hexe**, **extra**. Es gibt nur wenige Wörter mit *x*. Präge sie dir am besten gut ein.

18 Quiz in der Schule

Fast täglich kannst du im Fernsehen Ratespiele sehen. Sie heißen Quiz.

In der Schule können wir solche Spiele auch spielen. Die Lehrerin spielt den Quizmaster*(,) und statt Geld sammeln wir Punkte. Bei 100 Punkten gibt es für die Siegergruppe hausaufgabenfrei.

Was ist eine Kaulquappe? Eine Froschlarve.

Was ist eine Quelle? Der Ursprung eines Baches.

Was ist eine Qualle? Ein Tier.

Was ist ein Quartett? Ein Kartenspiel.

Was ist eine Qual? Ein Diktat schreiben!

(Wörteranzahl: 73)

* darf buchstabiert werden

> Es gibt kein Wort, das mit *kw* geschrieben wird. Wenn du ein Wort mit *kw* hörst, dann schreibe *qu*: **Quiz**, **Quelle**.

19 Lena und die Turnbank

Es wurde schon dunkel. Hanna musste sich beeilen, wenn sie pünktlich zu Hause sein wollte. Ihre Gedanken waren immer wieder bei Lena. Sie war ihre beste Freundin. Und nun lag sie krank im Bett.

Sie hatte sich das Bein gebrochen, als sie in der Sportstunde von der Turnbank gefallen war. Sie hatten die Bank in die Ringe gehängt und fanden es schön, so weit zu schaukeln. Doch dann passierte es! Lena musste mit Blinklicht ins Krankenhaus gefahren werden.

(Wörteranzahl: 78)

Wenn du deutlich sprichst, hört sich *ng* nicht wie *nk* an. Um sicher zu sein, verlängere oder verändere das Wort: **krank – kranke**, **Blinklicht – blinken**, **springt – springen**, **fängt – fangen**.

20 Der Ring ist weg!

Marie und Charlotte sind Zwillinge. Marie geht in die 3a, Charlotte in die 3b. Als die 3a in die Jugendherberge fährt, haben sie keine Angst vor der Trennung. Sie haben sich versprochen(,) die Ringe zu tragen, die ihnen Onkel Frank geschenkt hat. So wollen sie immer aneinander denken.

Am letzten Abend ruft Marie plötzlich: „Mein Ring ist weg!" Sie fängt an zu weinen. Doch Lea findet ihn. Er liegt unter der Bank. Marie springt vor Freude in die Luft und dankt Lea.

(Wörteranzahl: 82)

21 Der verregnete Sonntag

So ein Mist! Daniel schimpft laut vor sich hin. Er hatte sich so auf diesen Sonntag gefreut. Sie wollten eine Fahrt mit dem Dampfer machen. Wütend stampft er mit dem Fuß auf. Er hört die Regentropfen an die Fensterscheiben klopfen. Der Wind pfeift. Auf der Straße bilden sich im Nu riesige Wasserpfützen.

Daniel will gerade den Fernseher einschalten, da steckt seine kleine Schwester ihren Kopf zur Tür herein. Sie ruft: „Spielst du mit mir?“ Daniel willigt ein.

(Wörteranzahl: 77)

Bei den Wörtern, die mit *pf* geschrieben werden, ist deutliches Sprechen wichtig. Es gibt nur wenige Regeln, die *pf* von *f* unterscheiden:
- Nach *m* schreibt man immer *pf*: z. B. **Dampfer**, **schimpft**.
- Nach *n* schreibt man immer nur ein *f*: z. B. **vernünftig**.

22 Der Bonbonbaum

Die 3a war schon eine Stunde gewandert, als einige Kinder anfingen zu maulen: „Wie lange noch?“ Frau Weise ermunterte sie(,) trotz des stürmischen und regnerischen Wetters durchzuhalten. „Wir wollen doch schöne Blätter suchen und pressen.“ Die Kinder sammelten Blätter von Eichen, Buchen und anderen Bäumen.

Plötzlich sahen sie in der Ferne einen Baum mit glitzernden Blättern. Sie waren nicht mehr zu halten und freuten sich diebisch, als sie einen Baum voll Bonbons sahen. Die Natur ist manchmal erfinderisch – oder?

(Wörteranzahl: 79)

Wenn du unsicher bist, ob *-ich* oder *-isch*, verlängere das Wort: z. B. **regnerisches** Wetter, **erfinderische** Kinder.

23 Die verwechselten Kick-Boards*

Endlich schulfrei! Die Kinder stürmten fröhlich aus dem Klassenzimmer. Doch Tobias kam wieder zurück. Er sah unglücklich aus. „Mein Kick-Board ist weg!“ Tatsächlich – es stand nicht mehr an seinem Platz. Nun begann die Suche. Vergeblich!

Da hatte ein Mädchen eine Idee. „Nimm doch das Kick-Board, das da noch steht! Sicherlich hat sich da jemand vertan.”

So kam Tobias doch noch pünktlich nach Hause. Am nächsten Morgen klärte sich der Irrtum auf. Die beiden Kick-Boards* sahen sich zum Verwechseln ähnlich.

(Wörteranzahl: 79)

* darf buchstabiert werden

Man schreibt die Endsilbe *-lich* mit *ch*, wenn das *l* zur Endung gehört: **fröh + lich**, **sicher + lich**, **pünkt + lich**. Ist im Wortende kein *l* vorhanden, dann schreibt man immer *-ig*. Wenn du die Wörter verlängerst, hörst du es deutlich: **richtig – richtige**, **ungeduldig – ungeduldiger**.

24 Inline-Skaten* ist cool!

Ungeduldig sehnte Tim seinen Geburtstag herbei. Er hatte sich Inline-Skaters* gewünscht. Seine alten Rollschuhe fand er langweilig.

Und nun stand auf dem Tisch ein Paket. Es war riesig. Artig bedankte er sich bei den Eltern. Doch dann hielt er es nicht mehr aus. Ungeduldig riss er das Papier auf. „Super! Die sind genau richtig!“ Er wollte gleich damit zur Schule fahren. Vater hielt ihn noch rechtzeitig zurück. „Du musst erst fleißig üben, wie man bremst, fällt und wieder aufsteht!”

(Wörteranzahl: 79)

* darf buchstabiert werden

1 Erlebnisse in der Großstadt

Nachdem sie um fast zwei Stunden verschlafen hatten, sind Herr Bäumler und Jonas nun endlich unterwegs, um Berlin kennen zu lernen.

Auf dem Weg zum Zentrum verlaufen sie sich jedoch. Verloren und verwirrt stehen sie an einer riesigen Straßenkreuzung. Wie sollen sie hier ohne Stadtplan auskommen? Leider haben sie ihren Stadtplan im Hotel vergessen(,) oder sollte er sich im Rucksack versteckt haben? Nein, da ist er nicht. Ah, dort drüben ist ein Zeitungsstand, der auch Stadtpläne verkauft. Welch ein Glück!

(Wörteranzahl: 80)

Vorsilben verändern den Sinn von Wörtern. Viele Wörter werden mit der Vorsilbe *ver-* oder *Ge-* gebildet:
stecken – verstecken, **schlafen – verschlafen**,
Berg – Gebirge, **packen – Gepäck**.

2 Wandern im Gebirge

Seit einer Woche sind Anja und Michael im Gebirge. Heute wollen sie eine größere Wanderung machen.

Deshalb hat der Wecker sie besonders früh geweckt. Sie haben gefrühstückt und ihre Rucksäcke gepackt. Beide nehmen nur wenig Gepäck mit. Mit großem Geschick gehen sie die schmalen Bergpfade. Sie wandern langsam, denn der Weg ist weit. Das ist besser für die Gesundheit, auch wenn es viel Geduld verlangt.

Zwischendurch trinken sie an einer Quelle das frische Bergwasser. Was für ein herrlicher Geschmack!

(Wörteranzahl: 79)

3 Kein schöner Schultag!

„Heute ist ein ungewöhnlicher Tag“, denkt die Lehrerin Frau Wolters.

Nicht nur das Wetter ist unfreundlich, auch die Kolleginnen sind heute Morgen fast ungenießbar. Die Kinder sind unruhig und haben keine Lust, etwas zu lernen. Manche sind sogar richtig unartig. Als Inka Tim helfen wollte, hat er sie geschlagen. Wie undankbar von Tim! Nina war eben beim Blumengießen so ungeschickt, dass ein Blumentopf herunterfiel.

„Hoffentlich passiert heute nicht noch ein richtiges Unglück“, denkt die Lehrerin bedrückt.

(Wörteranzahl: 76)

Vorsilben verändern den Sinn von Wörtern. Viele Wörter beginnen mit den Vorsilben *un-* und *vor-*: Glück – **Unglück**, singen – **vorsingen**.

4 Eine Vorführung der Klasse 3b

Heute soll sie endlich sein, die Vorführung für die Eltern.

Seit vorgestern sind die Kinder der 3b mit den Vorbereitungen beschäftigt. Vorhin haben sich alle umgezogen. Susi und Lene werden zuerst ein Lied vorsingen(,) und dann wird Klaus ein Klavierstück vortragen. Eben noch hatte es vortrefflich geklappt. Aber Birte meinte vorlaut, dass er gleich bestimmt alles falsch machen werde. Alle sind aufgeregt.

Endlich ist es soweit. Der Vorhang geht auf, und die Vorstellung beginnt! Sicher werden die Zuschauer begeistert sein.

(Wörteranzahl: 80)

5 Auf der Baustelle

Vor einigen Tagen wurde mit dem Bau eines neuen Wohngebäudes begonnen.

Es hätte sich nicht gelohnt, das alte Haus umzubauen. Deshalb beschloss man(,) es abzureißen und ein neues Gebäude aufzubauen. Überall sieht man Bauarbeiter mit ihren gelben Helmen. Eine Gruppe mauert Bausteine aufeinander, eine andere gießt Beton. Ein riesiger Baukran steht auf einer Seite. Gerade klettert der Kranführer die lange Leiter hoch. Von dort oben kann er die ganze Baustelle übersehen.

Gleich daneben wurden viele Bauwagen mit Büros und Duschräumen aufgebaut.

(Wörteranzahl: 81)

Es ist gut, die Wörter einer Wortfamilie zu kennen. Hier findest du Wörter aus den Wortfamilien *bauen* und *fahren*: **baut**, **Baustelle** ...; **Fähre**, **abgefahren** ...

6 Gerade noch erwischt!

Gerade hat die Fähre abgelegt.

Im letzten Moment haben Alex und Maria sie noch mit ihren Fahrrädern erwischt. Beinahe wäre die Fähre ohne sie abgefahren. Dann hätten sie ein Weilchen warten müssen, denn der Rhein ist hier sehr breit. Es ist nicht ungefährlich für den Fährmann, hier hin- und herzufahren, da es viel Verkehr auf dem Fluss gibt. Zahlreiche Schiffe fahren hier entlang.

Wenn die Fähre am anderen Ufer angekommen ist, können die beiden weiterfahren.

(Wörteranzahl: 75)

7 Wasserfall entdeckt!

Sie waren schon seit einer Stunde unterwegs. Zufällig hatten sie das Hinweisschild „Zum Wasserfall“ entdeckt.

Danach waren sie immer tiefer in den Wald gegangen. Thomas und Ina wollten unbedingt den Wasserfall sehen. Nur der kleine Daniel hatte im dunklen Wald Angst vor Überfällen. Über diese Einfälle mussten die anderen lachen. Sie überredeten ihn(,) mitzukommen und versprachen(,) gut auf ihn aufzupassen.

Bald hörten sie das Geräusch von fallendem Wasser. Kurz darauf erreichten sie einen herrlichen, großen Wasserfall.

(Wörteranzahl: 76)

Es ist gut, die Wörter der Wortfamilien *fallen* und *stellen* zu kennen: **Einfälle**, **fällt** ...; **abgestellt**, **Haltestelle** ...

8 Ärger am frühen Morgen

Viele Leute standen an der Bushaltestelle. Die einen wollten zur Schule, die anderen zu ihrer Arbeitsstelle.

Die Kinder hatten ihre schweren Schultaschen abgestellt. Viele saßen auf den neuen Bänken, die vor einigen Wochen aufgestellt worden waren. Da es regnete, hatten sich viele auch untergestellt. Alle warteten ungeduldig auf den Bus. Endlich kam er.

Weil aber ein Autofahrer sein Auto genau auf der Haltestelle abgestellt hatte, mussten alle bis zur Fahrbahnmitte gehen.

Und das bei diesem Regen. Wie ärgerlich!

(Wörteranzahl: 78)

9 Der kleine Zwerg

Nun war es zum zweiten Mal passiert. Der kleine Zwerg hatte sich verlaufen. Er konnte sein Häuschen nicht mehr finden.

Die Gräser und Kräuter waren so hoch und die Sträucher so dicht. Überall lagen dicke Äste, über die er mühsam klettern musste. Dann wieder watete er bis zum Hals durch ein Blättermeer. Er war verzweifelt. Über ihm zwitscherte ein Vögelchen, das ihm half. Es flog voran und zeigte dem Männlein den Weg zu seinem Häuschen.

Zur Belohnung bekam es Kuchenkrümel.

(Wörteranzahl: 80)

Bei der Mehrzahlbildung, bei Verkleinerungen und beim Zeitenwechsel verändert sich oft der Wortstamm: **Ast – Äste**, **Haus – Häuschen**, **läuft – lief – gelaufen**.

10 Das Sportass

Lea lief gestern als Erste durchs Ziel. Sie läuft schon seit Jahren immer auf Platz eins.

Peter kam als Zweiter an. Darüber freute er sich sehr, denn meistens wurde er Vierter oder Fünfter. Alle Kinder freuten sich mit ihm. Vorgestern war Peter außerdem am weitesten gesprungen. Das war das erste Mal, dass er so weit springen konnte.

Er übt auch sehr viel. Jeden Nachmittag läuft und springt er mit seinem großen Bruder. Peter wird noch ein richtiges Sportass.

(Wörteranzahl: 78)

11 Omi ist zu Besuch

Seit drei Tagen ist Omi zu Besuch. Jeden Tag spielt sie mit ihren Enkelkindern.

Die sind auch wirklich sehr lieb. Am liebsten ist ihr Maria, obwohl sie eigentlich die Wildeste ist. Sie ist sehr wild, schlimmer als die Jungen, meint Mama. Aber die Jungen sind auch nicht besonders schlimm, findet Omi. Sie mag alle Enkelkinder gern. Besonders lustig findet sie Hanna, wenn sie mit ihrem Zwillingsbruder um die Wette schreit.

Am lustigsten ist es, wenn alle zusammen spielen.

(Wörteranzahl: 78)

Wenn Eigenschaftswörter gesteigert werden, bleibt der Wortstamm meistens gleich: **lieb – lieber – am liebsten**.

Durch Zusammensetzungen können neue, treffende Eigenschaftswörter gebildet werden: **blau – hellblau, schön – wunderschön**.

12 Ein blühender Garten

Es ist Sonntag(,) und eine strahlende Sonne scheint vom blauen Himmel.

Im Garten grünt und blüht es. Hellblaue Vergissmeinnicht stehen zwischen knallroten und zitronengelben Tulpen. Schneeweiße Maiglöckchen schauen zwischen ihren dunkelgrünen Blättern hervor. Kleine violettblaue und hellgelbe Stiefmütterchen nicken mit ihren Köpfchen.

Wohin man auch schaut, es ist einfach schön. Auf diesen wunderschönen Garten kann man wirklich stolz sein.

(Wörteranzahl: 59)

13 Ein schlechtes Diktat, aber ...

Nina weint. Sie hat wieder viele Fehler im letzten Diktat gehabt.

Traurig sieht man sie die Treppe hinuntergehen und an den Hauswänden entlangschleichen. Sie könnte immer wieder neu losheulen. Am liebsten würde sie weglaufen. Aber das würde ja auch nicht weiterhelfen. Kaum ist sie die Treppe hinaufgestiegen, öffnet die Mutter auch schon die Tür.

Sie schaut in das Diktatheft, dann drückt sie ihre Tochter fest und flüstert: „Ich habe dich lieb, so wie du bist.“ Da kann Nina wieder lachen.

(Wörteranzahl: 80)

Durch Zusammensetzungen kannst du treffende Zeitwörter bilden: **hinuntergehen**, **losheulen**.

Durch Zusammensetzungen kannst du neue Namenwörter bilden: **Burgturm**, **Gästezimmer** ...

14 Das Gespenst und die Mondbrille

Die Turmuhr schlägt zwölf. Da öffnet sich ein Fenster im alten Burgturm und heraus segelt ein kleines Gespenst mit einer großen Mondbrille auf der Nase. Oder besser Sonnenbrille – aber bei Gespenstern heißt sie Mondbrille. Das Gespenst ist sehr stolz darauf.

Eine Besucherin des Burghotels hat sie ihm geschenkt. Es geschah in einer Vollmondnacht, als das Gespenst bei der Dame ins Gästezimmer hüpfte. „Nimm dir, was du willst, aber tu mir nichts!“, rief sie. Und so bekam das Gespenst eine Mondbrille.

(Wörteranzahl: 80)

1 Großes Pech!

Einmal bauten wir uns ein Floß, um auf dem Fluss zum Wasserschloss zu fahren. Als wir aber das Floß zu Wasser ließen, sank es. Das war großes Pech!

Da entdeckten wir ein altes Boot. Wir kletterten hinein und stießen uns ab. Das Wasser floss ruhig dahin(,) und wir saßen vergnügt im Boot.

Doch plötzlich wurden unsere Füße nass. Wasser war ins Boot eingedrungen! Mit unseren Händen schaufelten wir das Wasser raus. Als wir schließlich wieder ans Ufer stießen, waren wir froh.

(Wörteranzahl: 81)

Das stimmlose (scharfe) *s* schreibt man nach langem Selbstlaut oder Doppellaut meistens als *ß*: **Floß**, **Fuß**, **groß**, **außerdem**.

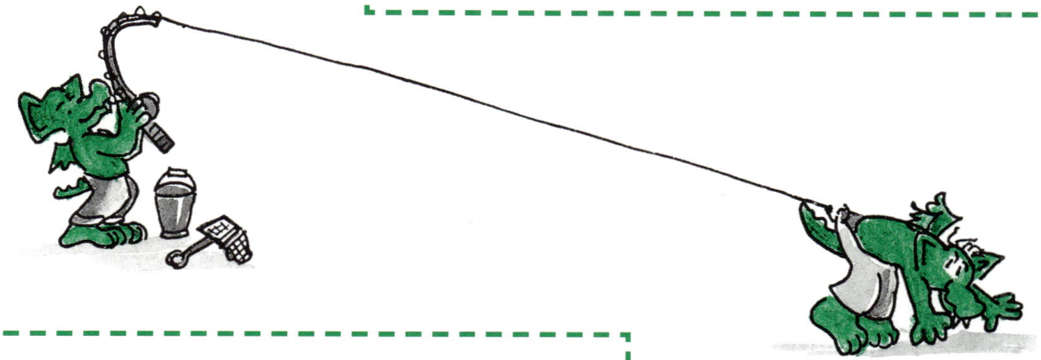

Nach kurzem Selbstlaut wird das stimmlose (scharfe) *s* meistens als *ss* geschrieben: **Fluss**, **muss**, **bisschen**, **nass**.

2 Tipps fürs Angeln

Ob man an einem Fluss oder an einem Teich angelt, ist egal. Auf den richtigen Köder kommt es an. Mit Fliegen oder Regenwürmern geht es am besten. Man muss nur ein bisschen Geduld und etwas Glück haben. Manchmal braucht man auch wasserdichte Kleidung, damit man nicht nass wird. Denn wenn der Regen prasselt, beißen die Fische besonders gut an.

Wenn man die Fische selber essen will, legt man sie am besten in ein Fass. Viele lassen sie aber wieder schwimmen.

(Wörteranzahl: 80)

3 Im Garten

In unserem Garten ist es besonders schön, wenn die Blumen und Sträucher blühen. Dann summt und brummt es überall. Die Bienen holen sich den Blütenstaub und machen daraus Honig.

Manchmal halte ich meine Nase ganz dicht an eine Blüte. Besonders gern rieche ich die Rosen. Ich sammle die verschiedenen Blütenblätter in einer Dose und trockne sie. Oder ich pflücke einige Blumen und stelle sie in eine Vase.

Oft sitzen wir noch abends im Garten, bis es dunkel wird.

(Wörteranzahl: 78)

Das stimmhafte *s* wird immer als einfaches *s* geschrieben. Man spricht es stimmhaft vor einem Selbstlaut, wie bei **summen**, **sammeln** oder **sitzen** und auch zwischen zwei Selbstlauten, wie bei **Rose**, **Dose** oder **Nase**.

Wörter, die in der Einzahl mit *ss* geschrieben werden, schreibt man auch in der Mehrzahl so: **Schloss – Schlösser**, **Fluss – Flüsse**.
Auch das *ß* bleibt in der Mehrzahl erhalten: **Gruß – Grüße**, **Fuß – Füße**.

4 Eine Schlossbesichtigung

Auf unserem letzten Schulausflug besichtigten wir ein Schloss. Es lag an einem Fluss. Viele schöne Schlösser liegen übrigens an Flüssen.

An jedem Fuß hatten wir einen großen Filzschuh, damit das Parkett nicht zerkratzt wurde. Wir rutschten mit den großen Schuhen an unseren Füßen wie auf Eis.

Gern verschicken die Leute Grüße von einer Schlossbesichtigung. Auch ich kaufte eine Postkarte und schickte meinen Eltern einen Gruß – leider kam ich eher zu Hause an.

(Wörteranzahl: 72)

5 Ein Sportfest mit Überraschungen

Beim letzten Sportfest schnitten die Mädchen besser ab als sonst. In einem spannenden Wettkampf schlugen sie die Jungen beim Springen und Sprinten. Und auch bei den Spielen waren sie zur Überraschung aller einfach besser.

Spaß hatten alle beim Schwimmen. Zuerst mussten die Kinder vom Sprungbrett springen. Danach gab es ein Wasserballspiel, bei der das Wasser nur so spritzte.

Die Mädchen waren zu Recht stolz auf ihre Leistungen, als der Sportlehrer die Urkunden verteilte.

(Wörteranzahl: 73)

Achtung: Vor *p* und *t* steht immer nur *s*, obwohl dieses *s* als *sch* gesprochen wird.
- *sp* schreiben (und *sch* sprechen): **Sportfest**, **spielen**, **sprechen**
- *st* schreiben (und *sch* sprechen): **streiten**, **stolpern**, **Stein**.

6 Die beiden Streithähne

Stefan und Markus stritten oft miteinander. Einmal stritten sie sich wieder in der großen Pause. Sie prügelten wild aufeinander ein. Unsere Lehrerin musste die beiden trennen. Nun sollten sie ihren Streit vor der Klasse austragen.

Erst beschimpften sie sich stürmisch. Dann gingen die beiden Streithähne aufeinander los. Stefan stolperte und stieß mit seiner Stirn an einen Stein. Am Ende ging der Kampf jedoch unentschieden aus. Beide waren gleich stark. Von da an vertrugen sich die beiden prima.

(Wörteranzahl: 77)

7 Beim Kinderarzt

Neulich war ich so krank, dass ich zum Kinderarzt musste. Er horchte Brust und Rücken ab und sah mir in den Mund. Ich musste ihm die Zunge zeigen und „A“ sagen. Dann drückte er meinen Bauch so fest, dass es weh tat. Schließlich sagte er, dass er mir eine Spritze geben müsse. Ob er wohl merkte, dass ich Angst hatte?

Aber es war nicht schlimm. Schon am nächsten Tag war ich gesund, sodass* ich wieder zur Schule gehen konnte.

(Wörteranzahl: 79)

*Die Schreibweise *so dass* ist ebenfalls möglich.

- Das Bindewort *dass* wird immer mit *ss* geschrieben:
  Er sagte, **dass** ...
  Tipp: *dass* wird mit *ss* geschrieben, wenn man <u>nicht</u> *dieses* oder *welches* dafür einsetzen kann.
- Der Begleiter und das Fürwort *das* werden mit *s* geschrieben: **Das** Einkaufen will gelernt sein!
  Das Mehl, **das** ich holen sollte ...
  Tipp: *das* wird mit *s* geschrieben, wenn man *dieses* oder *welches* dafür einsetzen kann.

8 Einkaufen ist gar nicht so einfach!

Einmal sollte ich für meine Mutter Mehl einkaufen. Ich ging in das Geschäft, das bei uns um die Ecke liegt. Wo war nur das blöde Mehl, das ich holen sollte? Ich sah nur die vielen Süßigkeiten. Endlich fand ich das Regal, das alle Mehlsorten enthielt.

Welche Sorte sollte ich bloß holen? Schließlich nahm ich das Mehl, das das schönste Bild auf der Tüte hatte. Es war natürlich ein Mehl, das meine Mutter nicht gebrauchen konnte. Das Einkaufen will gelernt sein!

(Wörteranzahl: 80)

9 Im Gasthaus

Eines Abends gingen wir mit der ganzen Familie ins Gasthaus essen. Mein Bruder und ich aßen ein Schnitzel mit Salat. Unsere Eltern bestellten eine Pizza. Wir hatten alle großen Durst, aber der Kellner hatte leider die Getränke vergessen. Also musste mein Vater sie noch einmal bestellen.

Nachdem wir das Hauptgericht gegessen hatten, durften wir uns noch ein Eis aussuchen. Ich esse am liebsten Zitroneneis. Mein Bruder isst sehr gern Erdbeereis. Und was esst ihr am liebsten?

(Wörteranzahl: 76)

Einige Wortfamilien, wie z.-B. **essen**, haben Wörter, bei denen *ß* und *ss* vorkommt. Halte dich hier einfach an die bekannte Regel:
- nach kurzem Selbstlaut steht *ss*: ich **esse**, du **isst**, wir haben **gegessen**, **essbar**
- nach langem Selbstlaut aber folgt *ß*: ich **aß**, du **aßt**, wir **aßen**.

- Das Zeitwort **müssen** schreibt man in allen Formen immer mit *ss*: ich **muss**, er **müsste**, wir haben **gemusst** ...
- Achtung: Bei dem Zeitwort **wissen** findest du *ß* und *ss*: ich **weiß**, du **wusstest**, wir **wüssten**, wir haben **gewusst** ...

10 Das unvorbereitete Diktat

Ich weiß auch nicht, wie das kommt: Immer, wenn wir eine Klassenarbeit schreiben, sind alle sehr aufgeregt. Dieses Mal war es besonders schlimm, weil wir die Arbeit unvorbereitet schreiben mussten. Eigentlich hätte unser Lehrer sie ja ankündigen müssen, aber das hat er nicht getan.

Das Diktat war sehr schwer. Herr Kübler diktierte wieder einmal viel zu schnell. Wir wussten nicht, wie die schweren Wörter geschrieben werden.

Aber wenn wir schon alles wüssten, müssten wir ja nicht zur Schule gehen.

(Wörteranzahl: 79)

11 Spaß im Schnee

Über Nacht fiel der erste Schnee in diesem Winter. Wir hatten uns schon darauf gefreut und trafen uns gleich nach der Schule. Patrick band dem schönen Schneemann, den wir bauten, seinen Schal um den Hals. Kerstin schenkte ihm eine Rübe, die wir als Nase verwendeten. Wir hatten so viel Spaß im Schnee, dass wir gar nicht merkten, wie schnell die Zeit verging.

Als Patrick nach Hause kam, schimpfte seine Mutter, weil der Schal fehlte und er jämmerlich schniefte.

(Wörteranzahl: 78)

Bei den Mitlauten *sch*, *schn*, *schw*, *schr*, *schl* oder *schm* musst du genau hinhören. Es hilft auch, wenn du die Wörter selbst deutlich sprichst:

- *sch*: **schenkte**, **Schal**, **schimpfte**
- *schn*: **schnell**, **Schnee**, **schniefte**
- *schw*: **schwül**, **Schwung**, **Schwester**
- *schr*: **schrecklich**, **Schrott**, **Schrei**
- *schl*: **schlagen**, **schlecht**, **schlimm**
- *schm*: **schmeißt**, **schmiert**, **schmatzt**

12 Schwierige Mitarbeit bei der Schülerzeitung

An einem schwülen Sommertag sollte ich einen Bericht über Schwertfische für unsere Schülerzeitung schreiben. Ich fand das schrecklich schwer und schwitzte mutlos am Schreibtisch vor mich hin. Der erste Versuch war purer Schrott(,) und ich warf ihn gleich in den Papierkorb. Doch beim zweiten Mal klappte es plötzlich(,) und ich schrieb mit viel Schwung einen spannenden Bericht.

Als dann meine Schwester auftauchte, warf ich den Text mit einem Freudenschrei in den Briefkasten und ging mit ihr schwimmen.

(Wörteranzahl: 77)

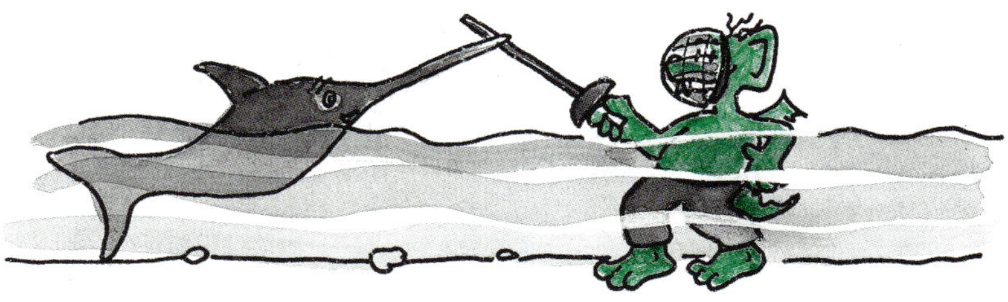

13 Ärger in der großen Pause

In der großen Pause geht es heute wieder hoch her.

Sebastian und Axel schlagen sich. Lisa ist es schlecht, weil sie zu viele Süßigkeiten gegessen hat. Verena schmeißt eine Tüte einfach auf den Boden(,) und Gregor schmiert seinen Kaugummi an die Wand. Maria schmatzt und schlürft laut vor sich hin. Kai will wie ein Indianer aussehen und schmiert sich Erde ins Gesicht. Schlimm is auch, dass Robin Bälle in die Blumen schleudert.

Lehrerin Braun hat alle Hände voll zu tun.

(Wörteranzahl: 80)

Hinweis:

In den folgenden Diktaten sollen die jeweils farbig hervorgehobenen Satzzeichen selbstständig gesetzt werden. Daher müssen die einzelnen Sätze besonders gut betont werden. Wenn große Schwierigkeiten bestehen, kann beim Diktieren auch auf die einzelnen Stellen hingewiesen werden, an denen Satzzeichen gesetzt werden müssen.

1 Auf der Kirmes

Welch ein Lärm! Ina und Klaus halten sich die Ohren zu. Von überall hören sie Rufen, Lachen und Musik. Doch bald genießen sie es.

Kauft Lose, Leute! Kommt alle her! Hier könnt ihr herrliche Sachen erleben. Fahren Sie auf unserer Geisterbahn! Kauft eingelegte Gurken! Fahrt auf der Achterbahn! Das ist ein echtes Erlebnis. Wer auf dem fliegenden Teppich mitfliegt, erlebt die ganze Welt in wenigen Sekunden. Kommt hierher, hierher! Frisches Bier vom Fass!

Die Kinder haben viel Spaß.

(Wörteranzahl: 78)

Nach Aussagesätzen steht ein Punkt, nach Ausrufen und Aufforderungen / Bitten ein Ausrufezeichen, nach Fragesätzen ein Fragezeichen: Die Sonne scheint**.** Welch ein Sonnenschein**!** Scheint die Sonne**?**

2 Fragen über Fragen

Endlich ist Familie Meinrad am Ferienziel angekommen. Vor ihnen liegt der weiße Strand, dahinter das blaue Meer.

Mami, dürfen wir Burgen bauen? Darf ich ins Wasser gehen? Haben wir denn einen Spaten mit? Da läuft ein Krebs. Und hier liegt eine Muschel. Mieten wir uns auch einen Strandkorb? Darf ich hier schwimmen? Ich möchte im Sand spielen. Müssen wir jetzt essen gehen? Ich habe keinen Hunger. Papi, kann ich ein Eis haben?

Papi hält sich erschöpft die Ohren zu.

(Wörteranzahl: 79)

Nach Aussagesätzen steht ein Punkt, nach Ausrufen und Aufforderungen/Bitten ein Ausrufezeichen, nach Fragesätzen ein Fragezeichen: Die Sonne scheint**.** Welch ein Sonnenschein**!** Scheint die Sonne**?**

Die wörtliche Rede steht immer in Anführungszeichen: **„**Guten Tag, wer bist du?**“**
Steht der Begleitsatz vor der wörtlichen Rede, so folgt ihm ein Doppelpunkt: Purzel sagt**: „**Ich kenne dich nicht.**“**
Steht der Begleitsatz nach der wörtlichen Rede, so wird er immer durch ein Komma abgetrennt: **„**Ich bin Samson, und du**?“,** fragt der Kater.

3 Samson und Purzel

„He, wer bist du?“, fragt Purzel, der Pudel von Frau Albrich.

„Ich bin Samson, der Kater von Herrn Storz“, antwortet Samson.

Purzel fragt neugierig: „Aber wieso kenne ich dich nicht? Ich habe dich noch nie hier gesehen.“

„Ich bin neu. Herr Storz hat mich vorgestern gekauft,“ erklärt Samson.

„Gekauft? Ja, kann man denn Tiere kaufen?“, will Purzel wissen.

„Ja, in einem Geschäft, in einer Tierhandlung.“

„Ach, ich dachte, in Geschäften kauft man nur Sachen und nicht etwas Lebendiges!“, staunt Purzel.

(Wörteranzahl: 80)

Hinweis:

In den Diktaten dieses Kapitels sollen die farbig markierten Wörter selbstständig getrennt und notiert werden. Sollte dies innerhalb des Gesamtdiktats Schwierigkeiten bereiten, können die Trennungen auch gesondert vorgenommen werden.

Wörter mit mehreren Silben kann man nach ihren Sprechsilben trennen:

- Ein einzelner Mitlaut wird abgetrennt: **ha-ben**, **sei-nem**, **gro-ße**.
- Bei zwei oder mehreren Mitlauten wird der letzte Mitlaut abgetrennt: **drin-gend**, **Hams-ter**, **üb-rig**.
- Das gilt auch für doppelte Mitlaute: **Zim-mer**, **Wel-len-sit-tich**, **wis-sen**. Vorsicht: **biss-chen**!

1 Ein Haustier – ja oder nein?

Manuela wünscht sich ganz drin-gend ein Haustier. Sie möch-te einfach je-man-den ha-ben, wenn sie alleine ist oder nicht einschlafen kann.

Eine Kat-ze kommt ger-ne ins Bett und ist kuschelig. Sie will aber auch ih-re Frei-heit. Da Manuela an einer gro-ßen Straße wohnt, le-ben Katzen bei ihr ge-fähr-lich.

Ein Ha-se wäre deshalb bes-ser geeignet. Aber er braucht ei-nen Stall, der im-mer gereinigt wer-den muss.

Ein Hams-ter rennt nachts in sei-nem Rad herum und ist laut.

Was bleibt da üb-rig? – Ein Hund.

(Wörteranzahl: 79)

2 Das neue Zimmer

Ich freue mich schon so sehr auf mein neues Zim-mer. Dann kann ich endlich al-lei-ne be-stim-men, was ich machen will. Wenn meine Schwester Hausaufgaben macht, höre ich nicht mehr: „Pst, du sollst leise sein!“ Wenn sie ihre Freun-din-nen einladen möchte, stört es mich nicht. Und mein Wel-len-sit-tich wird bei mir im Kin-der-zim-mer singen.

Al-ler-dings werden auch unsere Stock-bet-ten einzeln gestellt, und ich werde al-lei-ne schlafen. Davor habe ich ein biss-chen Angst, aber das darf nur Brum-mi, mein Schmusebär, wis-sen.

(Wörteranzahl: 79)

3 Der gestiefelte Kater

Kluge Tiere gibt es oft in Geschichten. Am schlaus-ten ist zwar meis-tens der Fuchs, aber der gestiefelte Kater handelt min-des-tens ebenso klug. Er setzt geschickt Tricks ein und macht damit seinen Herrn vom ärms-ten Müllerssohn zum reichs-ten Mann weit und breit.

Er erreicht sogar, dass sein Herr vom König die schöns-ten Kleider geschenkt bekommt.

Und einen Zau-ber-meis-ter bringt der Kater dazu, dass er sich in eine Maus verwandelt. Schwupp – verspeist er ihn und besitzt so dessen Schloss.

(Wörteranzahl: 78)

- Wörter mit *st* werden zwischen *s* und *t* getrennt: **meis-tens**, **reichs-ten**.
- Wörter mit *pf* werden zwischen *p* und *f* getrennt: **dump-fe**, **hüp-fen**.

4 Was geschieht in der großen Pause?

Kaum ertönt der dump-fe Gongschlag, rennen auch schon alle Kinder in die große Pause. Die einen wollen sich erholen und essen in aller Ruhe ihr Pausenbrot oder einen Ap-fel.

Andere emp-fin-den Spaß dabei(,) herumzutollen. Sie hüp-fen über den Hof und spielen Ball oder Fangspiele. Manche op-fern dafür ihr Pausenbrot oder stop-fen es nach der Pause schnell in sich hinein.

Wieder andere käm-pfen in der Pause darum, wer der Stärkste in der Klasse ist. Dabei kann es auch mal Beulen geben!

(Wörteranzahl: 80)

5 War die Erde schon immer rund?

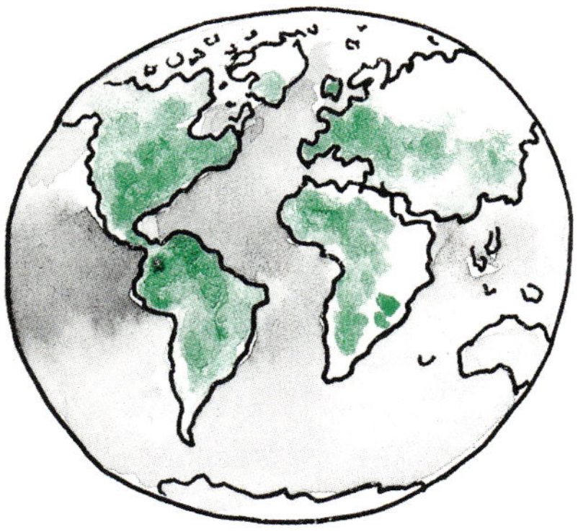

In der alten Ge-schi-chte von der Er-schaf-fung der Welt steht: Gott schuf Himmel und Erde. Die Men-schen stellten sich dabei vor, der Himmel sei oben, die Erde unten.

In einer grie-chi-schen Sage gibt es eine Gestalt, die den Himmel auf ihren Schultern trägt. Sie heißt Atlas.

Später er-forsch-ten die Men-schen die Welt genauer. Da sie nicht über den Horizont schauen konnten, hielten sie die Welt für eine Scheibe.

Die moderne Welt-raum-for-schung zeigt in-zwi-schen wun-der-schöne Bilder von der Weltkugel.

(Wörteranzahl: 78)

sch und *ch* gelten als ein Laut. Daher bleiben sie beim Trennen des Wortes immer zusammen:
Men-schen, **erforsch-ten**, **Früch-te**, **la-chen**, **man-chen**.

6 Zeit der Früchte

Im Sommer reifen bei uns viele Früch-te. Wer gerne Obst isst, hat dann besonders gut la-chen. Da gibt es Erdbeeren, Kirschen und Pfir-si-che, aus denen sich le-ckere Eis-be-cher und saftige Ku-chen ma-chen lassen. Aus man-chen Früch-ten kann man feines Kompott ko-chen, das auch im Winter gut schmeckt und uns ein Stück-chen Sommer schenkt.

Hast du einmal be-o-bach-tet, an wel-chen Stellen sich die Sa-men-körn-chen der Früch-te befinden? Sie können ganz außen, ganz innen oder auch einzeln vom Frucht-fleisch umhüllt sein.

(Wörteranzahl: 79)

7 Auf dem Jahrmarkt

Paul und seine Freundin Linda haben flei-ßig Pilze gesammelt und verkauft. Mit dem so verdienten Geld wollen sie auf den Jahrmarkt gehen und sich einen spa-ßi-gen Nachmittag machen.

Bei dem hei-ßen Wetter brauchen die beiden zunächst ein Eis.

Paul kann gut schie-ßen. Er gewinnt für seine Freundin ein gro-ßes Plüschtier. Danach möchte Linda Achterbahn fahren, doch Paul muss zuschauen, denn ihm wird re-gel-mä-ßig schlecht dabei.

Schließ-lich fahren die beiden noch gemeinsam Boxauto und ge-nie-ßen die lustige Fahrt.

(Wörteranzahl: 77)

- *ß* als einzelner Mitlaut wird abgetrennt: **flei-ßig**, **spa-ßig**, **regelmä-ßig**.
- Steht *ß* in Verbindung mit weiteren Mitlauten, wird der letzte abgetrennt: **schließ-lich**.

8 Eine spannende Geburtstagsfeier

ck gilt als ein Laut. *c* und *k* werden deshalb nie voneinander getrennt: **Schne-cken**, **Sä-cke**, **Stock-brot**.

Morgen wollen wir meinen Geburtstag im Wald feiern. Zuerst machen wir verschiedene Spiele:

Beim Tierspiel bewegen wir uns zum Beispiel wie Schne-cken, Igel oder Heu-schre-cken vorwärts. Für das Sack-hüpfen haben wir große Sä-cke aus Papier gebastelt, in die uns meine Mutter ste-cken will. Ein Ball darf natürlich auch nicht fehlen, denn meine Freunde und ich ki-cken gern.

Dann wird gegrillt. Wir suchen Stö-cke im Wald, an denen wir eine Wurst braten und später noch Stock-brot ba-cken können.

(Wörteranzahl: 77)

9 Wohin gehst du in den Ferien?

Diese Frage stellt der Leh-rer den Kindern. Sie sollen meh-re-re Sätze darüber schreiben.

Rahel kann mit ih-ren Eltern nicht in den Urlaub fah-ren. Sie hat aber zehn Wünsche frei für die Sommerferien. Einige davon stehen in ih-rem Heft:

Ich möchte gerne im Pferdehof die Foh-len sehen. Einmal wollen wir zu einer alten Müh-le fahren, wo man Getreide mah-len und Brot backen kann. Dann werde ich mit Johanna ins Kino gehen. Und Opa hat versprochen, einen Fahrradausflug mit mir zu un-ter-neh-men.

(Wörteranzahl: 80)

- Bei Wörtern mit Dehnungs-*h* wird immer der letzte von zwei Mitlauten abgetrennt: **Leh-rer**, **ih-rem**, **unterneh-men**.
- Achtung bei Wörtern mit gesprochenem *h*: **ste-hen**, **se-hen**, **Jo-hanna**.
- Achtung bei zusammengesetzten Wörtern: **Fahr-radausflug**.

10 Das kleine Gespenst

Wenn die Zei-ger der Uhr auf Mitternacht stehen, kann das klei-ne Gespenst es nicht mehr erwarten, aus sei-ner Kiste zu stei-gen. Eine Stunde lang darf es in sei-nem wei-ßen Gewand im alten Ge-mäu-er spuken und die Leu-te erschrecken.

Eines Tages bleibt die Uhr stehen. Genau zwölf Stunden lang läu-tet sie nicht. Als das Gespenst aus seinem Versteck auf-tau-chen will, scheint die Sonne, nicht der Mond. Es ist ganz trau-rig, denn nun kann es lei-der nicht mehr spuken. Wer hilft ihm?

(Wörteranzahl: 80)

Doppellaute wie *ei*, *eu*, *ai*, *au* oder *äu* bleiben stets zusammen. Du trennst erst nach dem Doppellaut: **Zei-ger**, **Leu-te**, **trau-rig**, **Gemäu-er**.

Überblick über wichtige Begriffe aus der Grammatik (deutsch-/-lateinisch)

Deutsche Begriffe	Beispiele	Lateinische Begriffe
Namenwort, Hauptwort	das Haus	Nomen, Substantiv
Einzahl des Namenwortes	das Haus	Singular
Mehrzahl des Namenwortes	die Häuser	Plural
Zeitwort, Tunwort, Tätigkeitswort	gehen	Verb
Grundform des Zeitwortes	gehen	Infinitiv
Befehlsform des Zeitwortes	Geh! Geht!	Imperativ
Eigenschaftswort, Wiewort	schnell	Adjektiv
Steigerung: Grundstufe	schnell	
1. Vergleichsstufe (Höherstufe)	schneller	Komperativ
2. Vergleichsstufe (Höchststufe)	am schnellsten	Superlativ
Begleiter, Geschlechtswort	der, die, das	Artikel
Fürwort, Stellvertreter	er, sie, ihr, sein …	Pronomen
Zahlwort	sechs, viele …	Numerale
Verhältniswort	auf, im, unter …	Präposition
Bindewort	da, weil, aber …	Konjunktion
Selbstlaut	a, e, i, o, u	Vokal
Mitlaut	t, f, k, m …	Konsonant
Gegenwart	ich gehe	Präsens
Vergangenheit	ich ging	Imperfekt, Präteritum
Zukunft	ich werde gehen	Futur
vollendete Gegenwart	ich bin gegangen	Perfekt
vollendete Vergangenheit	ich war gegangen	Plusquamperfekt
Satzgegenstand	Simon gibt der Mutter rasch das Buch.	Subjekt
Satzaussage, Satzkern	Simon gibt der Mutter rasch das Buch.	Prädikat
Satzergänzung	Simon gibt der Mutter rasch das Buch.	Objekt
Angabe der Art und Weise	Simon gibt der Mutter rasch das Buch.	Adverb
1. Fall, Wer-/Was-Fall	der Handwerker	Nominativ
2. Fall, Wessen-Fall	des Handwerkers	Genetiv
3. Fall, Wem-Fall	dem Handwerker	Dativ
4. Fall, Wen-/Was-Fall	den Handwerker	Akkusativ